Amor Momentos

Poemas Que Celebran El Viaje Del Amor

DEBORAH ANN MARTIN

Amor Momentos: Poemas Que Celebran El Viaje Del Amor

Por Deborah Ann Martin

ISBN:
eBook: 978-1-966771-25-8
Soft: 978-1-966771-26-5
Hard: 978-1-966771-27-2

c 2025 Deborah Ann Martin. Todos los derechos reservados. Ninguna parte de este libro puede ser reproducida o transmitida en ninguna forma ni por ningún medio sin el permiso por escrito del autor.

Segunda Edición

Sitio web: www.survivinglifelessons.com

Este libro está dedicado a quienes me ayudaron, inspiraron y alentaron.

Tabla De Contenido

Atracción 9

    Ojos Para Ti 10
    A La Caza 11
    Sonreír 12
    Fecha Potencial 13
    Un Beso Esperado 14
    Ligar 15
    Primer Beso 16
    Romance En Ciernes 17
    Eres A Lista 18
    Corazón Que Se Hunde 19
    Pensando En Ti 20
    Amigo Masculino 21
    ¿Solo Amigos? 22
    Un Regalo 23
    Bucear 26
    Único 28
    Eres Tan Especial Como Puedes Ser 29
    Primera Cita 30
    Acurrucarse 32
    Wendy's Bouts-Rimés 33
    ¿Por Qué Me Haces Amarte? 34
    Progresión 36

Pasión 37

Caricia 38
Fuego 39
Ceder 40
Me Vuelves Loca 41
Comienza Con Un Pensamiento 42
Pasión 43
Escondido En La Oscuridad 44
Fuego De Amor 45
El Romance Está En El Aire 46
Portal Al Alma 47
Corazón Cariñoso 48
Abrazar 49
Tormenta 50
Carpe Diem 52
Cartas De Amor 53
Combustible 54
Cartas De Amor 55
Me Asustas 56
Día a Día 57
Renovado 58
Demasiado Vestido 59
Principio o Fin 60
Tres Veces La Pasión 61
Tornado Furioso 62
Anhelo y Deseo 63
Cuando Te Conocí 64

Amor **67**

Inconmensurable 68
Deseo Del Corazón 69
Efectos Amorosos 70
Quiéreme 71
En Este Momento 72
Regalo De Amor 73
Sentimientos Amorosos 74
.Mi Amor 74
Demostración 76
El Amor Es Ciego 77
Corazones Unidos 78
No Se Puede Separar 79
No Hay Nada Que Prefiera Hacer 80
Tocó Mi Corazón 81
Amar Y Ser Amado 82
Puro Y Verdadero 83
Quiero El Íntimas Relación Contigo 84
Dulce Amor 86
Junto 87
.Perdidos En El Amor 87
Amor 89
Alguien Que Te Ofrezca Para Siempre 90
Una Parte De Mi Corazón 91
El Amor, No La Perfección 92
Nuevo Mundo 93

Siempre 95

Propuesta 96

En Tus Brazos 98
Construyendo Una Relación 99
Alma Gemela 100
Matrimonio 101
Sólido 102
Colores A La Vida 103
Mi Amor 104
Primer Hijo 105
Comienzo Perfecto 106
Amor Verdadero 108
Beso 109
Noche Romántica 110
.No Tiene Precio 111
Noche De Los Padres 113
Amigos De Toda La Vida 114
Doce Rosas 116
Cónyuge 117
Aniversario 118
Positivo 119
A Través De Los Años 120
Hasta Que Nos Volvamos A Encontrar 121
El Tiempo Se Detiene 122

Índice De Títulos **125**
Sobre El Autor **131**

Atracción

"Granted, physical attraction is what gets you in the door. But there has to be something beyond that to want to keep you there."

-Author: Jaci Burton

("De acuerdo, la atracción física es lo que te lleva a la puerta. Pero tiene que haber algo más allá de eso para querer mantenerte allí".)

Ojos Para Ti

No sé qué hacer

Tengo ojos para ti

Ir a donde estás

Espero que me veas

¿Debo hablar contigo?

No sé qué hacer

¿Quieres hablar conmigo?

Ir a donde estás

A La Caza

Mientras camino
Hacia abajo el pasillo,
Huelo el dulce aroma de ti.
Mis ojos miran a su alrededor con
La esperanza de ver a su alrededor. Trato
De ser casual al respecto. Mientras camino hacia
Adelante El olor parece debilitarse. Así que me doy la vuelta
Hoping to see into sight. It's like I'm in a trance
Siguiendo irremediablemente tu olor. ¿Cómo puede
¿Un aroma ser tal? ¿Un poderoso afrodisíaco?
¿Cómo puede su el aroma me vuelve?
Lo suficientemente loco como
Para segirlo solo hasta
¿Captar la vista?

Sonreír

Sonrío a medida que pasas

Espero llamar tu atención

Los ojos se bloquean a medida que pasas

Sonríes cuando te llamo la atención

Fecha Potencial

Una cita potencial

Estimulante visualmente

Con palabras que atraen.

Un Beso Esperado

Un anhelo, el deseo hormiguea dentro

Mientras acaricio tu piel

Esa anticipación nerviosa por un beso esperado largamente

Cerrar los ojos, inclinarse hacia adelante lentamente.

¿Se unirán nuestros labios con celestial perfección?

¿O te alejarás, siento el rechazo tu elección?

Ligar

No pienses; deja que el amor fluya
Sé que no necesitas intentarlo
¿Por qué no reír?
Y guiñar

Primer Beso

Mientras caminan hacia la puerta,
Ella se pregunta qué piensa.
Ella tuvo una cita agradable.
Ella se siente atraída por este hombre.

Él nunca se había sentido así.
Él tiene las manos sudorosas.
Él no sabe si debería esperar.
La expectativa hace que no pare de transpirar.

Ambos se preguntan por qué están esperando.
Ambos intentan anticiparse al otro.
Esperan mientras su pulso se acelera sin más,
El empieza a pensar en un plan.

Él se acerca más y más a ella.
Él siente sus manos sudorosas.
Habla suavemente y se acerca a su cita.
Se acerca tanto como ella lo permita.

Él no sabe lo que le espera.
Pero no duda en ceder a lo que más desea.
Él sentía que la anticipación lo mataba....
Su primer beso fue mejor de lo que esperaban.

Romance En Ciernes

Una mirada

    Una sonrisa

        Una palabra

            Un comienzo

Eres A Lista

aventurero, afectuoso, ambicioso

auténtico, adorable, alegre

adorado, atento, asombroso

atractivo, amable, atlético

admirado, amigable, amoroso

agradable, admirable, atrevido

agradecido, adorador, apasionado

Corazón Que Se Hunde

El brillo en sus ojos

La risa en tu sonrisa

El caminar seguro de sí

Los comentarios ingeniosos

El encanto

Pensando En Ti

¡Yo

Sonrisa

Cuando yo

Pienso en ti!

Amigo Masculino

Cuando las cosas eran difíciles

Me mostraste que era duro

Siempre parecía importarte

Tu amistad que compartiste

Cuando cantaste tus hermosas canciones

Dio un sentido de pertenencia

Mis sentimientos parecían importar

Ayudaste cuando la vida se volvió más triste

Cuando estaba feliz o azul

Estuviste allí para verme

A veces te abrazabas como un oso

Sentí como si a alguien realmente te importara.

No puedo dejar que los sentimientos

Por miedo a no ser amigos por más tiempo

Es mejor tenerte cerca

Entonces aprovecha la oportunidad que temo

¿Solo Amigos?

Solo somos amigos.
    Pero eres tan amable y compasivo.
Solo somos amigos.
    Me encanta cómo me siento cuando estoy contigo.
Solo somos amigos.
    Me pregunto si te gusto.
Solo somos amigos.
    Puedo verme a mí mismo estando contigo.
Solo somos amigos.
    Te ves tan bien; Me encanta la sonrisa.
Solo somos amigos.
    Tenemos mucho en común.
Solo somos amigos.
    Me haces reír.
Solo somos amigos.
    Estamos ahí cuando nos necesitamos.
Solo somos amigos.
    Si quisiera estar contigo, podría lastimarme.
Solo somos amigos.
    ¿Estás un poco interesado en mí?
Solo somos amigos.
    ¿Si me gustas y no te gusto de esa manera?
Solo somos amigos.
    Nos besamos.
Dijiste: "solo somos amigos".
    Estoy confundida.
¿Somos solo amigos?

Un Regalo

Puede que no sea quien tú quieres que sea.

Puede que no sea nadie más que yo.

Puede que no sea músico.

Puede que no sea médico.

Puede que no sea una estrella del deporte.

Puede que no toque la guitarra.

Puede que no valga millones.

Puede que no sea famosa.

Puede que tenga talentos increíbles.

Puede que no sea del tipo galante.

Soy capaz de dar un regalo.

Soy capaz de ayudar a alguien necesitado.

Soy capaz de compartir una sonrisa.

Soy capaz de hacer que alguien se sienta digno.

Soy capaz de detenerme y escuchar.

Soy capaz de prestar atención.

Soy capaz de preparar una comida.

Soy capaz de expresar cómo se sienten.

Soy capaz de hacer más de lo que ves.

Soy capaz de dar el regalo de mí.

Una Sonrisa En Mi Rostro

Pones una sonrisa en mi rostro

porque sé que me amas

Una reunión en nuestro lugar especial

Pones una sonrisa en mi rostro

Nuestras vidas entrelazadas

Tan feliz que no lo puedo creer

Pones una sonrisa en mi rostro

Porque sé que me amas

Interesado

Nunca lo supe
¡Tú también estabas interesado en mí!
¿Qué hacemos?

Bucear

Hermoso cielo azul y esponjosas nubes blancas
Agua azul clara que brilla
Como los diamantes
Marque un hermoso día de verano en el
Costa puertorriqueña.
Declan entra a la refrescante agua azul
Adornado con su equipo de snorkel.
Su cuerpo bronceado y su físico fino
Muestra sus pantalones cortos de natación.
Mientras mira hacia atrás en la costa
Su sonrisa hace que las chicas que miran se desmayen.
Sus ojos permanecen fijos mientras
Observa su forma perfecta
Rock con cada ola
Cada uno anhela ser el agua.
A Declan le encanta el aire libre.
Solo le importa
Ir con el flujo del océano
Y ver una belleza natural a continuación.
Evita los tiburones, la barracuda y el coral de fuego.

Bancos de peces tropicales nadan por el colorido
Coral abajo. Las langostas alcanzan la cima de sus cabezas
Fuera de las rocas.
Mientras se sumerge para recoger una estrella de mar,
Las chicas jadean de deleite.
Un pequeño pez tropical multicolor nada
Alrededor de su cuerpo,
Las patas de estrella de mar tapan sus manos.
Mientras nada, se da cuenta
La hierba marina verde moviéndose como
Hay una suave brisa.
Para Declan, nada coincide
La belleza del mundo de abajo.
A medida que sale a la superficie, su deslumbrante sonrisa y
el sol poniente mantiene a las chicas en trance.
Mientras regresa a la orilla
Caminando a través de las olas rompiendo.
Para las chicas, nada iguala
La belleza del mundo de arriba.

Único

Eres tan único, como tú solo sabes

Me dejas ser yo

Aceptas que no soy perfecta

No estás tratando de cambiarme

Escuchas mi opinión

Me dejas ser yo

Eres Tan Especial Como Puedes Ser

Porque me dejaste ser yo

Estás dispuesto a probar la comida que me gustan
Estás ansioso por probar las actividades que hago
A su vez, estoy ansiosa por probar las cosas que disfrutas.
Es bueno que te diviertas conmigo

Eres tan especial como solo tú sabes
Porque me dejaste ser yo
No siempre estamos de acuerdo
No tratas de controlar mis pensamientos
Hablas sobre ellos conmigo
Pero no te enojas si no pienso como tú

Eres tan especial como puedes ser
Porque me dejaste ser yo
No tengo que fingir ser alguien
No tengo que pensar como alguien
Es bueno tener a alguien que me atrape
El verdadero yo

Eres tan especial como puedes ser
Porque me dejaste ser yo

Primera Cita

Comenzar a salir trae mucha ansiedad y miedo.
El estrés puede incluso traer un desgarro.
Hay tanta ansiedad cuando se va a una primera cita.
Estás emocionado y no puedes esperar.
A medida que se acerca el tiempo,
Las preguntas internas añaden un temor adicional.
¿Qué te pones?
¿Cómo peinas tu cabello?

Si me da el ambiente rastrero, estar loco o molestarme,
¿Funcionará mi llamada de emergencia y se desplegará?
¿Podré asegurarme de que nunca estamos solos?
¿Derramaré algo sobre mí o me tropezaré ya que soy propenso a los accidentes?
Si me gusta, ¿mañana llamará?
Si no lo hago, ¿cómo le digo dónde caen mis intenciones?
¿Qué hago si ocurre un silencio incómodo en la fecha?
¿Debo llegar temprano o debo llegar un poco tarde?

Guau, tengo tantas preguntas que hacer.
Mientras estoy realizando mi tarea anterior.
Estoy tan nerviosa que tal vez no debería ir
Tengo que hacer algún tiempo, lo sé.
Mientras conduzco hacia el lugar,
El pánico se instala y mi corazón comienza a acelerarse.
¿Cómo puedo trabajar a través de esto?...
Ah, ja. ¡Llama a una amiga!
Llamo a la que sé que puedo confiar.

Nos reímos cuando empiezo a compartir.
Ella me habló hasta que llegué hasta allí.
Llego un poco temprano y empiezo a esperar.
Debe llegar tarde.
¿Qué pasa si no se presenta?
¿Cuánto tiempo espero? ¿No sé?
Necesito matar el tiempo mientras pueda.
¿Qué es aceptable mientras esperas en la mesa?

Ahí está en la puerta.
Coincide con su imagen.
Cuando él viene, ¿me siento o me paro?
Se presenta y extiende su mano.
Sonrío y me presento también.
Ahora, ¿qué hago?
Empiezo a hablar del lugar.
Luego le pregunto qué le gusta del menú.

Empezamos a hablar y compartir.
En poco tiempo no parece que tenga un cuidado.
El estrés y la ansiedad desaparecen.
Estoy relajada el resto de mi estancia.
¿Qué pienso de este hombre?
¿Quiero volver a verlo?
¿Qué piensa de mí?
Supongo que tendré que esperar y ver.

Acurrucarse

Acurrucarse juntos

Mirando la chimenea crepitante

Con una copa de vino

Wendy's Bouts-Rimés

Skip se dio cuenta de que llegaba tarde a su primera cita.
¿Cómo podría ser un idiota cuando Sally será un bombardeo?
En un chapoteo, hizo una carrera rápida
Para el florista conociendo el poder de una flor
Agregar chocolate sería dos veces mejor.
Sally salió de su casa con su blusa blanca favorita.
Sally bajó al aliado,
En su coche a un bar y parrilla local.
Se encogió cuando el coche chocó contra el sapo en la carretera.
Salió de su auto y notó aceite en el suelo.
Ella se encogió de hombros, no había necesidad de esforzarse; es solo un poco de aceite.
Ella se sentó en la barra a esperar y se preguntó por qué Skip llegaba tarde.
Ella dijo: "Llegas tarde, amigo".
Dijo en broma: "Tómate una pastilla para enfriarte".

¿Por Qué Me Haces Amarte?

Ha pasado tanto tiempo
Los muros construidos fuertes
Ventanas y puertas con barrotes
Protegido por un guardia

Caballero de ojos marrones y cabello castaño
Se rio de la pared con deleite
Ese muro no es rival para mí
Solo espera y verás

Historias de aventuras no contadas
Cayeron dos ladrillos
Se reemplazaron dos ladrillos
La pared se mantiene fuerte

Canciones de antaño
Cayeron tres ladrillos
Se reemplazaron tres ladrillos
La pared se mantiene fuerte

La risa en el aire sonó
Cuatro ladrillos cayeron
Cuatro ladrillos fueron reemplazados por mortero adicional
La pared se mantiene fuerte

La diversión que trajo
Siete ladrillos cayeron
Se reemplazaron tres ladrillos
La pared es inestable, pero el sonido

Tocó suavemente
Siete ladrillos cayeron
Tres ladrillos fueron reemplazados
El guardia empuja y se mantiene firme

Un alma amable y gentil
Grieta de Ventanas
Las puertas se agrietan
Una vez más, el guardia retrocede

Cómodo y sintiéndose completo
Un lado viene desmoronándose
Doce ladrillos fueron reemplazados
Sonido de los soportes de guardia

Pensamientos de tantas cualidades iguales
Los ladrillos vuelven a caer
Ventanas y puertas se abren de par en par
El guardia trabaja más duro y continúa intentándolo

Beso suave
La mitad de la pared se derrumba
Un ladrillo colocado a la vez
El guardia trabaja más duro y no admitirá la derrota

La persistencia y las declaraciones de amor ya no se descartan
Las paredes continúan desmoronándose
Ventanas y puertas se desmoronan
El guardia se va en completa derrota

Progresión

Dulzura

Ternura

Sosteniéndome con fuerza

Sentirse bien

La risa

Descenso de corazones

Cariño

Encantamiento

Feminidad

Masculinidad

Necesidad y lujuria

Corazones en llamas

Amor y éxtasis

Legado continuo

Pasión

"If passion drives you, let reason hold the reins."

-Benjamin Franklin

(Si te mueve la pasión, deja que la razón lleve las riendas".)

Caricia

Sentado en una manta

      Bajo la sombra del manzano,

Los amantes se abrazan

      El uno al otro

Él acaricia lentamente

      Su rostro suave

Él se inclina hacia adelante para

      Acaricia sus labios

Con tiernos besos.

      Él la mira a los ojos con amor

Él la acaricia brazo

      Suavemente de arriba y abajo.

Palabras en ella oídos

      Luego susurra acariciando

Fuego

Una suave caricia calienta el corazón.

Un beso enciende el alma.

La pasión estalla y el fuego recorre el cuerpo.

Ceder

Un suave beso se convierte en fuego.

Los ojos están desbordando deseo.

Las manos se mueven en una caricia suave.

Hace que el corazón lata, incontrolable.

La emoción late por dentro.

Hasta que ambos ceden finalmente.

Me Vuelves Loca

Mientras te miro a los ojos, acerco mi rostro. El sonido de tu seductora voz es como el canto de una sirena. El olor de tu colonia eleva todos mis sentidos. Tocar tu mejilla es como tocar una brasa ardiente. Tus labios que esperan saben a néctar de miel dulce. La sensación de tus labios enciende un fuego profundo dentro de mí que he estado anhelando sentir. Mis manos comienzan a deambular, queriendo tocarte. tocándoteme siento poseída y quiero seguir tocándote. Solo tocarte y nunca parar. Nunca dejarte ir. A medida que tus manos se mueven lentamente a lo largo de mi cuerpo, la pasión se incrementa. A medida que tus manos continúan acogiéndome, me derrito en tu abrazo. Mis piernas se debilitan bajo tu toque constante. El fuego que arde dentro de mí quema todos mis pensamientos. Lo único que queda es el anhelo y el deseo.

Comienza Con Un Pensamiento

Pensamientos continuos

Intimidad

Anhelo de estar en tus brazos

Deseo corriendo por mis venas

Momento lujurioso

Ceder a tus encantos

Pierdo el control

Caer en tus brazos

Pasión que no se puede negar

Pasión nunca tan fuerte

Pasión

Perseguir de emoción anhelar deseo sexual

Afecto ardiente

Sentimientos abrumadores

Intenso interés profundo

Noción que se convierte en una obsesión

Escondido En La Oscuridad

Solo disfrutándonos escondidos en la oscuridad
Un hombre que es amable y decente
Una mujer desesperadamente devota
Palabras de pasión y deseo

Pasando tiempo juntos escondidos en la oscuridad
El tiempo juntos es maravilloso.
Solo ir a cenar juntos trae alegría.
Palabras de pasión y deseo

Los besos secretos, ocultos en la oscuridad.
Ninguno puede decidir
Un amor escondido, sin desmoralizar.
Palabras de pasión y deseo

El amor se oculta en la oscuridad.
Oculto, pero emocionante y maravilloso Compartir para permitir que el amor se profundice
Palabras de pasión y deseo

Las decisiones se toman escondidas en la oscuridad.
Abiertas y deliberadas
Pasión, hambre, amor, devoción
Palabras de pasión y deseo

Fuego De Amor

Fuego de amor

Pasión, deseo

Besos que mandan calor a

Mi entrepierna. Anhelo como ningún otro.

Necesito, quiero

El Romance Está En El Aire

El romance está en el aire

La vida no tiene un cuidado

Bienaventuranza celestial

En el beso

Ser retenido con tierno cuidado

Alegría y felicidad en todas partes

Sonrisa y risas

Elogios que halagan

Amar tanto

Caricia en un toque

Mirándose a los ojos

El mundo entero pasa de largo

Nada como un romance en ciernes

Para hacer saltar el corazón y bailar

Portal Al Alma

Mírame a los ojos

Mi corazón y mi alma se revelan

Pasión y deseos

Corazón Cariñoso

En el suave toque de tu mano

Un beso amoroso

Un abrazo cariñoso

En el abrazo sensual

Una cálida sonrisa

Un bufón romántico

En la admiración de tus ojos

Una suave caricia

Un guiño coqueto

En las palabras cariñosas

Una vida devota

Una risa burlona

En la tierna toma de las manos

Un abrazo rendidor

Un corazón cariñoso

Abrazar

Tus amores abrazo firme,

Tus besos apasionados profundos

Llamas que queman deseos.

Tormenta

Es un hermoso día
Para dar un paseo por la bahía.
Caminé por la orilla,
Pensando que quería más.

    Tengo miedo de pasar por encima de la cornisa
    Si me acerco demasiado a la orilla del agua.
    La suave brisa acaricia mi rostro,
    Haciendo que mi corazón se acelere.

El agua ondulante se ve tan refrescante.
El miedo y la emoción se están enredando.
El agua susurra una súplica
Para acercarse y ver.

    Cuando la arena se calienta,
    Siento el placer del agua.
    La arena húmeda y blanda es dulce
    Cuando el agua se arremolina alrededor de mis pies.

Quiero sentir más
Así que en el agua quiero explorar.
Cediendo a todos los encantos
Abrazado en sus brazos.

    Flotando al ritmo del mar,
    La suave cadencia se siente como éxtasis.
    Las ondas se retraen suavemente,
    Luego retroceda suavemente.

Las nubes comienzan a formarse
Una tormenta unicelular.
Cabello soplado por el viento
Va a todas partes.

    Las olas del mar se retraen,
    Y las olas atronadoras vuelven a romper.
    Emocionado como cada ola me alcanza,
    Sin aliento mientras salgo del mar

Puedo oír el agua golpeando la orilla,
Rogando por más y más.
Como el tiempo parecía suspenderse,
La tormenta terminó rápidamente.

    Las nubes se separaron
    Para revelar una hermosa puesta de sol comenzó.
    Regresé a la orilla.
    Entonces, observé el mar una vez más.

Carpe Diem

Mirada sutil
Tocarse las manos accidentalmente
Convenientemente estar cerca
Risas en el oído
Aprovecha la oportunidad
Deja de bailar
Los pierdes si eres una molestia
O los pierdes cuando se van con otra
Mejor arriesgarlo todo con un intento
Luego, más tarde, pregunta por qué
Aprovecha la oportunidad
Pídeles romance
Aprovecha el día
Aprovecha para reír y jugar
No dejes que el miedo se interponga en tu camino
Hoy tiene el potencial de ser un gran día
Aprovecha la oportunidad
Deja de bailar
No esperes
Pregunte antes de que sea demasiado tarde
Nunca se sabe
El amor podría tener la oportunidad de crecer
Aprovecha la oportunidad
Pídeles romance

Cartas De Amor

Cada trazo de la pluma

Expresiones de pasión y amor que llevo dentro

La distancia y el tiempo te mantienen alejado

El anhelo de estar juntos cada día.

Las palabras no pueden expresar las ansias.

Cada trazo de la pluma

Crea palabras de amor hasta que

Nos volvamos a ver.

Pensar en ti calma mis días

Y espero hasta que podamos

Envolvernos en un dulce abrazo

Combustible

He tratado de ignorar

El fuego que arde en lo profundo

Lo consume todo

Mis pensamientos, mis palabras, mis acciones

Tú eres el combustible que alimenta el fuego

Cartas De Amor

Cada trazo de la pluma

Expresiones de pasión y amor en el interior

La distancia y el tiempo te mantienen alejado

Anhelando estar juntos cada día.

Las palabras no pueden expresar verdaderamente el anhelo.

Cada trazo de la pluma

Da palabras de amor hasta que

Nos volvemos a ver.

Pensamientos tuyos llenan mi día

Esperando hasta que podamos

Abrácense en un dulce abrazo.

Me Asustas

Me asustas porque nunca pensé que me encantaría estar con nadie de nuevo. Disfruto de nuestro tiempo juntos, riendo y hablando mientras hago actividades. *Me asustas porque nunca pensé que volvería a confiar.* Me he sentido tan cómoda contándote mis problemas y secretos que te has convertido en mi mejor amigo. *Me asustas porque eres lo primero y lo último en lo que pienso por la noche.* Eres la primera persona a la que pienso llamar cuando sucede algo bueno o malo. *Me asustas porque amarte tan profunda y apasionadamente pone en riesgo mi corazón.* Mientras esté en tu dulce abrazo, nunca quiero que esto termine. *Me asustas porque nunca quise sentirme tan vulnerable.* Amarte, quererte, desearte, necesitarte significa que estaría devastado perdiéndote. *Me asustas porque eres una de las personas más cariñosas, amorosas y maravillosas.* Debido a quién eres, el amor, el deseo y la pasión hacen que te quiera aún más. *Me asustas porque me encanta cómo me siento cuando estoy contigo.* Cuando estoy contigo, me siento amada, cuidada, especial y hermosa. *Me asustas porque no quería volver a lastimarme.* Me asustas porque cuando estoy contigo... Estoy dispuesto a arriesgarme.

Día a Día

Pasión en tu día a día

Te da energía y vitalidad.

Para extender tu pareja.

Renovado

La pasión se ha ido

Nada sobre que actuar

Cansado, problemas y coacción

Llenó mi mente de estrés

Ajetreo de la vida

Me causó conflictos

Me tomé un descanso mental

Que merecía tomar

En mi cabeza

Estábamos en la cama

Imaginé el amor en mi corazón

Fue el primer lugar para comenzar

Mi imaginación comenzó a correr

Entonces la excitación había comenzado

Quería contarte cómo fue esto

Entonces, se envió un mensaje de texto

Los pensamientos estaban ahora en camino

La pasión se renovó hoy.

Demasiado Vestido

Me pierdo en esos ojos

Que me miren con hambre

Dejándome sentir demasiado vestida

Principio o Fin

No eras el tipo de persona con la que saldría cuando te conocí. Obtuve información nueva cada vez que hablamos. Observé a un hombre cálido y cariñoso con la fortaleza para superar sus defectos. A pesar de no mirar, descubrí algo que no tenía idea de que podía encontrar. Encontramos cosas que ambos disfrutamos haciendo. Somos diferentes. Aceptamos las diferencias encajamos como una mano izquierda sostiene por la mano derecha. Entrelazados, son fuertes. Nuestras diferencias dan fuerza cuando uno es débil. Podemos aceptar nuestras diferencias. Somos dos partes de un todo que encajan perfectamente. Encajamos como dos piezas perfectamente combinadas de un rompecabezas. La atracción se hace más fuerte con cada día que pasa. Cuanto más aprendo sobre ti, más quiero estar contigo. Hay días en los que quererte es todo lo que tengo en mente. Es una sed que parece no poder ser saciada. Mi mente vaga hacia el beso. El dulce sabor de un beso quema fuego por tus venas. Es un beso que despeja mi mente, permitiéndome concentrarme únicamente en estar en tus brazos y nunca dejarlos. Quiero sentir tu fuerza en tus toques más suaves. Tus toques dejan un rastro de calor y pasión que me dejan con ganas. Querer más y saber que tenemos que esperar hasta que sepa en mi cabeza que vale la pena el riesgo de ser herido o hundirme más profundamente en la dependencia emocional. Algún día, cuando esté dispuesto a correr el riesgo, estaré listo para perderme en el placer. Al menos en esos momentos, sentiré la emoción, la energía y la pasión que provienen de conocer y querer a alguien durante tanto tiempo. Me perderé en los placeres que solo tú puedes proporcionar en esos momentos. Luego, veremos si es el principio o el final. Todo lo que sé es que en este momento, todo lo que puedo pensar y desear es estar en tus brazos.

Tres Veces La Pasión

Perspectiva, **P**arcialidad, **P**ersuasión

Anhelo, **A**fecto, **A**dulación

Satisfacción, **S**exual, **S**ensualidad

Impresión, **I**ntenso, **I**nstar

Obsesión, **O**pinión, **O**rgasmo

Noción, **N**ecesidad, **N**otado

Tornado Furioso

Pasión sin pensamiento

es un tornado furioso

Eso puede destruir vidas.

Anhelo y Deseo

A medida que me acercas, siento que el calor sube dentro. Mis sentidos se van mientras respiro tu dulce olor.
Tu toque deja un rastro de calor en mi piel. Mi cerebro pierde el enfoque mientras susurras palabras dé pasión en mis oídos.
Anhelo y deseo es todo lo que puedo sentir.
Solo quiero sentir mi cuerpo lo más cerca posible del tuyo.
Me pierdo en el dulce sabor de tus besos.
El anhelo y el deseo son todo lo que puedo sentir.
Ya no tengo pensamientos conscientes.
No puedo tener suficiente de ti.
¡Todo lo que quiero es más! No puedo tener suficiente
Anhelo y deseo es todo lo que puedo sentir.

Cuando Te Conocí

Tus ojos son de un bonito marrón

Y una personalidad tan completa.

Tu cuerpo era un bronceado dorado.

Tus deliciosos labios deberían ser solo de una.

Dios te dio un buen par de mejillas

Van bien con ese físico perfecto.

Me enamoraste junto al lago bajo un árbol.

Fue allí donde me robaste el corazón.

Lo llenaste de momentos alegres

Y se llevó los amargos suspiros.

La soledad nunca llegó a mi camino

Porque tus manos suaves lo acariciaron.

Contigo, nunca sentí la necesidad de llorar.

Pueden haber surgido problemas, pero en ti, podía confiar.

Durante el día, estás lleno de compasión.

Por la noche, se convirtió en pasión

Al principio, el fuego en tus ojos era tenue.

Pero podía sentir el calor interior.

Había algo en el toque de tu mano gentil.

Pondría mi corazón a tu orden.

Me acercaste cuidadosamente.

Luego me susurró suavemente al oído.

A medida que mi presión arterial aumentaba,

El fuego en mi cuerpo se calentó.

Un beso suave se puso audaz.

El amor intercambiado se volvió indecible.

Amor

"*The only thing we never get enough of is love; and the only thing we never give enough of is love.*"

-Henry Miller

("Lo único de lo que nunca tenemos suficiente es el amor; y lo único de lo que nunca damos lo suficiente es el amor".)

Inconmensurable

Tengo un

Amor tan profundo

Y fuerte que supera todo

El tiempo y la distancia. ¿El

Tiempo y la distancia me harán

Lastimarme y tener que levantar un

Muro de protección o ayudará a que el

¿Amor crezca? Ya sea que quieras una

Amistad o una relación íntima,

Estos sentimientos siempre

Estarán ahí. La diferencia

Es si se puede hacer algo

Al respecto

O no.

Deseo Del Corazón

El amor es maravilloso y asombroso.

Aférrate al amor verdadero, porque es difícil de encontrar.

Algunos pueden traer pasión y fuego.

Solo uno puede evocar el deseo de mi corazón.

Solo puede haber uno que sea así de querido.

Aprécialos y mantenlos cerca.

Efectos Amorosos

Es maravilloso encontrar a tu amor verdadero.

Se siente como un milagro del cielo.

Hay una conexión que nunca has sentido.

Y tu corazón yace derretido.

Tus pensamientos se desvían como nunca antes.

Siempre esperas una llamada o un golpe en la puerta.

Esa emoción que parece que no puedes sacudir.

Por la noche, piensas constantemente porque no puedes dormir.

Te gusta reír y jugar.

Disfrutas de que alguien té escuche lo que dices.

Este compañero está ahí para disfrutar de momentos especiales.

Cuando están juntos, escuchan el sonido de las campanas.

Un sentimiento como este es la mejor experiencia de tu vida.

No dejes que los conflictos diarios lo entierren.

Quiéreme

Te amo.
me encanta el yo que yo
Estoy contigo.

En Este Momento

En este momento,
Yaciendo en sus brazos
El mundo parece estar a kilómetros de distancia.
Todo parece estar bien.

Emociones tan difíciles de describir
Me hace sentir tan viva.

En este momento,
Nunca te había amado
Tanto como ahora te amo.

En este momento,
Nunca había amado
Tanto como te amo.
El pasado se ha ido.
Las paredes se derrumbaron.
Nuestro tiempo parece detenerse.

 En este momento,
Se crean recuerdos preciosos
Mientras el amor puro fluye por nuestro camino.
Hay sentimientos que son tan fuertes
Unos que jamás había sentido nunca lo he tenido.
Una parte de mí quiere huir.

En este momento,
Disfrutaré nuestro tiempo especial
Mientras el amor puro fluye por nuestro camino.

Regalo De Amor

Huelo su colonia en la almohada.

Ha estado aquí, no cabe duda de nada.

Dejó un cabello en el lavabo del baño.

Puedo sentir nuestro vínculo muy dentro.

Uso su camisa y leo su libro.

Sé que este hombre me tiene pendiendo de un hilo.

No me puedo concentrar desde aquella vez.

En todo lo que pienso es en él.

Pienso en diferentes formas de escribir su nombre.

Me hace feliz pensar en ese hombre.

Sé que esto es amor.

Este hombre es un regalo que Dios me dio.

Sentimientos Amorosos

Cada beso se siente como una dicha celestial.

Tu amor se siente como si viniera de Dios.

Sé que te preocupas y confío en que estarás allí.

El brillo amoroso de tus ojos está en mis sueños.

Es difícil superar la sensación de estar completo.

Mi alma se siente viva y burbujeante.

Hay una alegría interior que no cesará.

Disfruto pasear contigo solo para hablar.

Estamos dispuestos a demostrar nuestro amor y nuestra pasión.

Rezo para que lo que sentimos no se vaya jamás

.

Mi Amor

Espíritus elevados

Corazones latiendo rápidamente

Amor compartido

Regocijándose juntos

Almas unidas

Hogar feliz

Completo

~ Amor ~

Completo

Hogar feliz

Almas unidas

Juntos regocijándonos

Amor compartido

Corazones latiendo rápidamente

Espíritus elevados.

Demostración

Sé que puede que no siempre lo demuestro.

Sé que puede que no siempre lo diga.

Pero siempre deberías creerlo.

¡Te amo!

El Amor Es Ciego

Amarte es como la nieve recién caída

Todo está cubierto y luce hermoso.

Corazones Unidos

Mi mente me hace pensar en cuando estoy contigo.

Cuando no estás aquí el tiempo no pasa desapercibido.

Nuestro amor mantiene un vínculo único cuando estamos separados.

Hilos invisibles mantienen nuestros corazones atados.

Anhelamos abrazarnos con fervor

Estar bajo el hechizo de los encantos del amor.

Cuando pasamos tiempo juntos, la magia se mantiene

Eso nos mantiene atados para siempre.

Tú serás siempre parte de mí.

Simplemente es el destino,

Compartimos un amor que crece incluso cuando estamos separados.

Somos amigos y amantes con corazones unidos.

No Se Puede Separar

Un amor tan fuerte

    Un deseo y un hambre tan grande

        El tiempo y la distancia

            No se puede separar

No Hay Nada Que Prefiera Hacer

Cuando tengo un día ajetreado
Y quiero que una sonrisa venga a mí
No hay nada que prefiera hacer
Que solo pensar en ti.

Cuando mi vida está llena de estrés
Y parece ser un desastre
No hay nada que prefiera hacer
Que solo abrazarte.

Cuando pasa el tiempo
Y cuando solo tengo preguntas
No hay nada que prefiera hacer
Que descubrir contigo las respuestas

Cuando hay alegría en mi vida
Y no hay lucha a enfrentar
No hay nada que prefiera hacer
Que contigo alegre estar

Cuando quiero ir a algún lugar
Y de la compañía de alguien disfrutar
No hay nada que prefiera hacer
Que ese tiempo contigo pasar

Cuando quiero felicidad en mi corazón
Y sé que nunca quiero estar separada de ti
No hay nada que prefiera hacer
Que enamorarme perdidamente de ti

Tocó Mi Corazón

El amor que compartimos ha tocado mi corazón.
Mientras me acuesto en tus amorosos brazos,
El mundo entero que me rodea se detiene.
Hay magia en estos momentos.

Cuando mi cuerpo se acerca,
El amor que compartimos toca mi corazón.
Tus dedos se deslizan por mi piel
Dejando un calor cálido a su paso.

Acurrucarse más cerca contra el pecho
Mi corazón se acelera al escuchar el latido tuyo.
El amor que compartimos ha tocado mi corazón
Uniéndonos con el vínculo especial que compartimos.

Cada momento en tus brazos cariñosos,
Me hace sentir felicidad y amor.
Nada se compara con la comodidad en tus brazos.
El amor que compartimos ha tocado mi corazón

Amar Y Ser Amado

Amar y ser amado
Es el tema de canciones, poemas e historias
Se han librado batallas
Las guerras se han ganado y perdido
Todo por amor
Todo por la búsqueda de un amor verdadero

Amar y ser amado
Esta necesidad puede causar aislamiento
Las malas experiencias causan miedo
Algunos intentan vivir sin ella
Pero en el fondo hay vacío y anhelo.

Amar y ser amado
Es una necesidad de un toque humano y la intimidad.
Sin eso, todos nos marchitamos primero por dentro
Pero eventualmente, nos hará morir.

Amar y ser amado
No hay nada más satisfactorio que encontrar a la persona adecuada
No hay infierno más grande que vivir con la persona equivocada

Amar y ser amado
Está en el centro de la existencia de cada ser humano.

Puro Y Verdadero

Amor puro y verdadero

Es hora de abrazarte

Susurros de compartir

Disfrute del cuidado

Creando recuerdos que duren mucho tiempo

Dulces melodías de una canción

Risas en el aire

Romance delicadamente compartido

El corazón amoroso de dos

El placer del amor puro y verdadero

Quiero El Íntimas Relación Contigo

Los abrazos y los besos
Las sonrisas juguetonas
Chistes ingeniosos
Abrazándome por detrás cuando lavo los platos
Besándome antes de irte al trabajo

    Pasar el rato viéndote trabajar
    Acostado en los brazos del otro
    Sonreírse el uno al otro
    Quiero las íntimas
    Relación contigo

Mi cabeza en tu regazo
Mientras juegas con mi pelo
Abrazándome desde detrás de mí
Abrazos aleatorios
Solo mirándome a los ojos

    Comprar una flor cuando estás fuera
    Solo para hacerme saber que estás pensando en mí
    Caricias suaves
    Quiero las íntimas
    Relación contigo

Hacer una actividad, quiero
Aunque lo odies
Simplemente tocándome mientras caminas
Compartir sueños y planificarlos
Hacer actividades juntos

Masaje ocasional de espalda
Jugando con mi cabello
Calentar mi coche en un día de invierno
Quiero íntimas
Relación contigo

    De vez en cuando entras del trabajo
    Búscame y bésame
    Lo cumplido
    Sostenga suavemente el costado de mi cara
    Las disculpas

Tomados de la mano
Sentados juntos en un columpio de porche
Simplemente pasando el rato juntos
¡Quiero las íntimas
Relación contigo de curación!

Dulce Amor

La dulce fragancia del Amor llena el Aire. Afecta a todos los que Están alrededor, trayendo felicidad a todos.
Dulce Amor

Junto

Caminando a lo largo de la orilla del mar

Tomados de la mano, dejando dos juegos

De huellas en la arena cálida.

El amor está en el aire

.

Perdidos En El Amor

Perdidos en el amor

Felicidad nunca conocida

Perdidos en el amor

Una sensación notable y exuberante

Emociones compartidas que han crecido

Recuerdos agradables que se siembran

Perdidos en el amor

Amor

es paciente

es bondadoso

no es envidioso

no es jactancioso

no es orgulloso

no se comporta con rudeza

no es egoísta

no se enoja fácilmente

no guarda rencor

no se deleita en la maldad

regocija con la verdad

siempre protege

siempre confía

siempre espera

siempre persevera

nunca falla

Alguien Que Te Ofrezca Para Siempre

Alguien que te ofrezca para siempre
      Confianza, Honestidad, Respeto,
      Independiente, Lealtad, Risa
Alguien que te ofrezca para siempre

Alguien que te ofrezca para siempre
      Compañerismo, Comunicación, Compromiso,
      Compromiso, Compasión, Consideración
Alguien que te ofrezca para siempre

Una Parte De Mi Corazón

Es difícil hallar al
indicado para mí. Fue difícil creer, para mí.
Fue difícil para mí el concebir. El finalmente encontrar
un buen hombre honesto. Que me ama por lo que ofrezco.
Nos reímos y compartimos. Somos dos partes de un corazón.
Uno es la izquierdo, el otro es la derecha. Las cosas que están en
medio son las que compartimos, las que nos mantienen unidos.
Nuestras similitudes nos atan. Nuestras diferencias nos hacen lo
que somos y es lo que amamos del otro. Las habilidades de las
que carecemos, el otro las tiene. Nos hace ser una unión
perfecta que nos permite enfrentar todo loque viene.
Somos personas completas, no dos entidades separadas
que viven en soledad. Nos abrimos como la parte
superior de un corazón. Y unirnos es fácil y
sencillo. A veces, nuestras diferencias
hacen que sea difícil que nos unamos;
toma tiempo. Es complicado, como
la parte inferior del corazón. Es dar
y recibir. Cuando el corazón se
dobla, se divide en dos partes.
Dos partes iguales que
forman una unidad
completa. Iguales,
pero diferentes.
Necesitas ambas
partes para
formar un
corazón.
una, el
corazón
está roto
¡Gracias por ser la otra mitad de mi corazón!

El Amor, No La Perfección

El amor sabe que no soy perfecta.

El amor sabe que solo necesito a alguien que me ame

A pesar de mí

Por lo que ven en mí

El amor no trata de hacerme una imagen ideal que el mundo ve

El amor no trata de moldearme en un mini ellos

El amor conoce lo malo en mí

El amor sólo ve lo bueno en mí

El amor no se trata de la perfección

El amor se trata de amar a pesar de la imperfección.

Nuevo Mundo

Deambulé sin rumbo por la vida.

Pensé que tenía todo lo que necesitaba.

Pensé que tenía todo lo que quería.

Me mostraste un lado que nunca supe que existía.

Sentí sentimientos que nunca supe que podía sentir.

Abriste mi corazón a un mundo completamente nuevo.

Ahora que conozco este increíble mundo,

No quiero perderlo nunca.

No tenía todo lo que quería.

No tenía todo lo que necesitaba.

Ya no estoy vagando sin rumbo por la vida.

Quiero el tipo de vida que me mostraste.

Quiero sentir siempre ese tipo de amor contigo.

Siempre

"Grow old with me, the best is yet to be."
– Robert Browning

("Envejece conmigo, lo mejor está por venir".)

Propuesta

Mirando hacia atrás en el tiempo, me sorprende lo bien que me conociste. Fue una sorpresa que no preví. Dijiste que querías planear un viaje de fin de semana. Estaba tan emocionada, sin saber cuándo ni dónde. Le pregunté si había algo que debería planear hacer con mi cabello. ¿Qué debo ponerme? Con una sonrisa y una risa de la felicidad de mi niña interior, solo dices ropa casual y cómoda. ¿A dónde íbamos, quién sabe? Me dispuse a la tarea. Hice lo que me pediste. Cuando llegó el momento dentro de la hora, apareciste en mi puerta con una flor. Fue algo tan dulce. Fue emocionante ir a una aventura desconocida. Fue genial no planear, sino tener a alguien planeando para mí. Condujimos durante un par de horas. Lo que fue tan sorprendente de esas horas fue que hiciste una lista de reproducción de música de canciones para escuchar. No cualquier canción... Esta lista de reproducción incluía canciones que tenían significado. Mientras sonaba cada canción, me dijiste por qué elegiste esa canción. Lloré mientras escuchaba cada canción. Eran canciones sobre nosotros, lo hermosa que pensabas que era, mi personalidad, nuestros momentos divertidos y canciones que pensabas que se referían a nuestro futuro juntos. Lloré porque era muy feliz y nunca me sentí tan amada o querida en mi vida. Nos detuvimos en un bonito hotel. Pensé... bueno, ya sabes lo que pensé. Nos registramos y vamos a nuestra habitación. En nuestra habitación, teníamos una habitación con vistas. Era una vista espectacular. Cuando llegamos allí, había 11 rosas más para acompañar la que me habías dado cuando nos fuimos. Me dijiste que tenías cosas para que tomara un buen baño de burbujas relajante. Preparaste la bañera y encendiste las velas que ya habías colocado en la habitación. Pones un poco de música relajante. Luego me besaste suavemente y me dijiste que me estarías esperando y que me tomara mi tiempo. Cuando salí, tenías una cena a la luz de las velas lista en el balcón.

Encendiste la vela del centro de la mesa. Trasladaste la música relajante del baño al balcón. Retiraste la bandeja sobre nuestra comida. Me encantan los mariscos. Trajeron dos cenas de mariscos a nuestra habitación. Fue una comida fantástica. Después de cenar, me pediste que bailara lentamente contigo. Me sostuviste cerca. El golpe en la puerta me sobresaltó. Salté... y bueno... y me quedé un poco sorprendida. Te reíste. Era otra entrega de comida, nuestro postre. Nos sentamos a la mesa. Después de que el personal del hotel se fue, nos serviste un poco de vino. Luego abriste la cúpula de metal. Tenías mi postre favorito, una tarta de queso. En el centro de mi pieza había un hermoso anillo... solo un poco en el pastel. Me dijiste palabras tan hermosas de un futuro y una vida juntos. Profesaste tu amor y devoción. Podría imaginar esa vida contigo. Creía que me amabas y que sería bueno para tu y para mí. Podría imaginar la vida y los niños contigo. Un amigo, un amante y alguien con quien compartir los buenos y malos momentos... Cuando preguntaste, ¡dije que sí! ¡Definitivamente sí! Sacaste el anillo, me lamiste la tarta de queso y me pusiste el anillo en los dedos. Entonces el beso... Guau ... qué beso. Sentiré ese beso en mis labios por mucho, mucho tiempo. Pensar en ello todavía me hace sonreír. Fue una noche memorable y mágica. Cuando terminó el fin de semana, temíamos volver al trabajo. Sin embargo, ahora miramos hacia el futuro y esperamos conocernos para toda la vida. Estábamos emocionados de contarles a todos que conocíamos las buenas noticias. Me diste una propuesta íntima y una celebración pública. Los amo y espero una vida juntos, creando momentos memorables para el otro. Te amo ahora y para siempre.

En Tus Brazos

Despertar por primera vez en tus brazos
Me sentí a salvo de ser lastimada; a salvo de daños
Tengo esta felicidad abrumadora
Me encanta estar acostada aquí mirándote respirar
Sé que por el resto de mi vida
Que puedo hacer esto
Emoción y novedad de nuestro compromiso
Me tuvo inquieta toda la noche
Pero estaba bien
Pude sentir tus caricias persistentes
Podría acostarme en la oscuridad y recordar
Las horas previas
Pude sentir tus fuertes brazos alrededor
Yo mientras te acurrucabas cerca
Mientras juego suavemente con tu cabello y tu cara
Solo verte hace que mi corazón se acelere
Guau, eres mío para siempre
Esto no es solo una aventura casual o
Una relación durante años que no va a ninguna parte
Puedo amar y ser amada
Podemos comenzar nuestras nuevas vidas juntos
A medida que comienzas a despertar lentamente
No puedo esperar por el amor que estamos a punto de hacer.

Construyendo Una Relación

Construir una relación requiere que ambas personas derriben viejos muros y dejen ir las expectativas individuales. Luego siga los planos del maestro para establecer una base firme para una casa sólidamente construida.

Dios debe ser el fundamento y el amor la piedra angular. El resto debe construirse junto con un ladrillo a la vez. Cuando se coloca un ladrillo, arréglelo antes de seguir construyendo. De lo contrario, permanecerá así de forma permanente o hasta que derribes las paredes hasta ese punto. Entonces empiezas a construir de nuevo.

Alma Gemela

Un toque
Estar cerca
pasión contagiosa
Amor profundo
Siempre cambiante
Juntos para siempre
Buenos sentimientos
Corazones en llamas
Enamorado
Amado alegre
Mantener los votos
Bondad amorosa
Mi fuerza
Amistad interminable
Un amor
Promesas cumplidas
Rodillas temblorosas
Respeto mutuo
Sonríe a menudo
Amor verdadero
Amor eterno
Venerado cariño
Salvaje para
Extra romántico
Corazón anhelante
Compañero fiel

Matrimonio

Amigo

Compañero

Amante

Alma gemela

Seguidor

Tutor

Maestro

Sólido

Una casa sólidamente construida

Resistirá la prueba

De tiempo.

Colores A La Vida

Cuando el hogar se siente aburrido y monótono,
Agrega color a las paredes
Y añade algunas plantas verdes.
Cuando una relación se siente aburrida y monótona,
Agrega algunas actividades divertidas
Y añade algo de risa.

Mi Amor

Mi Amor,

Cuando te conocí, pensé que sabía todo sobre el amor. Había conocido a alguien que me atraía, que compartía intereses y valores similares. Me hiciste reír y me aceptaste por mí. Cuanto más tiempo pasamos juntos, más me di cuenta de que siempre quiero tenerte en mi vida.

Cada obstáculo que superamos juntos y cada lucha que superamos, me acerqué más y más a ti. Podría ser vulnerable a tu alrededor. Me hiciste sentir segura. Somos perfectamente imperfectos juntos. Aceptamos eso el uno del otro.

Escucho a algunas personas que describen su vida amorosa como aburrida y repetitiva. Soy tan afortunada. Hablamos y compartimos nuestros deseos. Estamos allí el uno para el otro, incluso cuando uno no está del todo de humor. Supongo que por eso los llaman rapiditos. Pero hay amor y pasión. Ayuda saber lo que le gusta y lo que no le gusta al otro. Me encanta la seguridad y la seguridad de un lecho marital monógamo. Me encanta cuando todavía coqueteas conmigo años después de nuestro matrimonio. Todavía anhelo sentirte... tus caricias y la pasión y el fuego con el que me puedes llenar. Me siento tan deseada y querida.

Mi amor, nunca supe que podría amarte tanto como lo hago. Ahora sé lo que realmente significa el amor. Espero que siga creciendo año tras año.

Tu Verdadero Amor

Primer Hijo

Nunca más enamorado

Luego sosteniendo a su primer hijo

Mientras se abrazan

Comienzo Perfecto

Una alarma clamorosa la sobresaltó de un sueño inquieto. Medio dormida, sus pies salen lentamente de las sábanas. Luego, después de un golpe de aire fresco, hacen una retirada apresurada.

Ella se da la vuelta y apaga la alarma. Ella ajusta su almohada y tira de las sábanas debajo de su barbilla. Ella se duerme de nuevo. Apaga la alarma dos veces más. La tercera vez, su esposo entra a la habitación con el cabello sin peinar, con el pecho desnudo y usando solo sus pantalones de vestir. Su marido se despertó con la primera alarma.

El olor fresco de ducha se mezcla con el aroma del café. Él lo pone en la mesita de noche. Suavemente se acuesta en la cama junto a ella. Mientras acaricia suavemente su rostro, admira a aquél que ama. Él le sonríe mientras ella lucha por levantarse de la cama, mostrando su belleza natural. Pasa sus dedos por su cabello mientras susurra suavemente en sus oídos.

Bajo su suave persuasión, ella abre lentamente los ojos. En este momento, el mundo parece estar a toda una vida de distancia. Qué perfecto y cariñoso comienzo para cualquier mañana. Cuando el tiempo parece detenerse, ella se siente acogida por su amor. Acariciando su rostro, susurra sobre cuánto la ama y su belleza. Cálida y segura en sus brazos, desea que este momento no termine. La alarma clamorosa suena por cuarta y última vez. ¡La realidad golpea!

Ella entra en pánico al darse cuenta de que está llegando tarde. Ella emerge de las sábanas exponiendo su cuerpo de aspecto promedio. Sus ojos tienen bolsas, y su cabello está más desordenado de lo habitual debido a esa noche inquieta. Ella toma café mientras va a despertar a sus hijos.

Cuando los niños comienzan a despertarse, ella prepara el desayuno, prepara los almuerzos y alista su ropa. Ella encuentra las mochulas, encuentra los zapatos y la tarea extraviada de anoche. Los niños discuten y pelean mientras tratan de prepararse para la escuela. Finalmente, ella entra a la ducha, se peina y se prepara para el trabajo. No hay tiempo para pensar, solo para hacer. No deben llegar tarde al trabajo o a la escuela.

Cada mañana es la misma rutina apresurada. Ella maldice las prisas y el caos. Jurando que mañana, se levantará con la primera alarma. Después de las largas luces y el tráfico pesado, la finalmente deja a los niños en la escuela. El estacionamiento de trabajo está lleno y ella tiene que estacionar lejos. la lluvia comienza a caer. Ella mira en el asiento trasero y se da cuenta de que nunca volvió a poner el paraguas en el coche.

Cuando llega a su escritorio empapada, se toma un momento para reflexionar sobre su mañana. Antes de levantarse de la cama, su mañana fue tan perfecta. ¿Por qué el resto del día no puede ser como su comienzo perfecto?

Amor Verdadero

Confianza

Respeto

Comprensión

Expresar

Escuchar

De corazón abierto

Validar Exonerar

Beso

Una mamá da un beso de buenas noches a su hijo.

Un niño pequeño se sienta en el regazo de su padre para dar un abrazo y un beso.

La abuela besa a su familia cuando vienen de visita.

El beso en la mejilla de un viejo amigo

El primer beso de unos chicos de dieciséis años

El beso nervioso de una primera cita

El primer beso como marido y mujer

El beso de la primera mañana de las Bodas de oro1|

El saludo rápido y el beso de despedida

Los ojos de amor que se entrelazan antes de un beso romántico

Baile lento y besos

El beso de fuego y pasión

El beso de los amigos que se alejan

El último beso de una ruptura

El beso en la frente de un niño enfermo.

El último beso antes de que un ser querido abandone esta vida.

Noche Romántica

Años de matrimonio han traído consuelo a cada día.
El romance parecía parte de ayer.
Nuestro amor no se veía.
Nuestras vidas se convirtieron en rutina.

Me sorprendiste de una manera nueva.
Una niñera que encontraste ese día.
Nos vestimos con nuestras mejores ropas.
A dónde íbamos, no lo sabía.

Fuimos a un buen restaurante en la bahía.
En una pequeña habitación privada, un camarero nos llevó sin demora.
La habitación poco iluminada tenía una flor, música suave y luz de velas.
Esta fue una cena como ninguna otra noche.

No había nada que fuera para mi consternación.
La cena fue perfecta en todos los sentidos.
Elegí elementos del menú que eran nuevos.
Querías algo diferente, así que tú también lo hiciste.

Palabras suaves y amorosas que dijiste.
Estaba siendo romanceado como ningún otro día.
Extendiendo la mano a través de la mesa, acariciaste suavemente mi mejilla.
Los sentimientos hicieron que mis entrañas se debilitaran.

Nuestros ojos se unieron a través del camino a la luz de las velas.
Pude ver el parpadeo en tus ojos ese día.
Me pregunté si el fuego era de la luz de las velas
¿O fue por el fuego que ardía dentro de ti esa noche?

 Cuando terminó la cena, pensé que era el final del día.
Pero para mi sorpresa, hubo más en el camino.
Habías planeado una bonita habitación de hotel.
Allí se consumió el fuego de nuestro amor.

En nuestra habitación que daba a la bahía,
Nos acurrucamos mientras veíamos la colorida puesta de sol para terminar el día.
Los veleros brillaban en la orilla del agua.
Ese día reavivaste el amor que prometiste

.

No Tiene Precio

los defectos

son

lo que hace

que la

obra de arte

colgada

en un

hogar

sea única

y que

no tenga precio

Noche De Los Padres

Baños, cepillarse los dientes, antes de dormir
Los más pequeños finalmente acurrucados en la cama
Pensamientos de estar contigo encerrados en mi cabeza
El tiempo corre lentamente mientras esperan que los niños duerman

Los ojos pesados se vuelven para dormir
Ser sostenido en tu dulce abrazo
Mi corazón comienza a acelerarse
El día agitado se desvanece

Una hermosa noche de calor y pasión
El amor llena el aire
El mundo no existe, no es una preocupación, no es un cuidado
Dos acurrucados en uno

El tiempo corre rápidamente mientras sabemos que los niños se despertarán
Pensamientos de estar contigo encerrados en mi cabeza
Los más pequeños saldrán de la cama

Desayunar, cepillarse los dientes, comenzar a vestirse

Amigos De Toda La Vida

Paciencia y amabilidad

Paciencia y amor

Mientras luchaba por trabajar a través del pasado

Te quedaste a mi lado, sin juzgar nunca

Mientras luchaba por lidiar con las presiones del día

Me permitiste hablar y trabajar a través de ellas

Mientras luchaba con la falta de comunicación

Estabas dispuesto a sentarte y explicar y permitirme explicar

Como tuve problemas con algunas de las cosas que hiciste

Te disculpaste, y llegamos a compromisos que podríamos acordar

Cuando te fallé y no fui perfecta

Me amaste por mí

Como los problemas nos golpearon desde todos los lados

Trabajaste conmigo para atravesarlos o rodearlos

Como necesitaba reír

Eras tonto y gracioso, y no tuve la oportunidad de ser seria.

De verdad quería tener a alguien con quién hacer cosas

Fuiste a estar conmigo a pesar de la actividad

Cuando necesitaba sentir amor

Le diste un toque suave o pasión, dependiendo de lo necesario

Hiciste estas cosas y más

Te devolví lo mismo, si no más,

Confiábamos el uno en el otro

Disfrutamos estar juntos

Nos reímos y jugamos juntos

Fuimos especiales porque nos tratamos especialmente

Compartimos amor, pero lo que nos hace especiales

Es que somos amigos de toda la vida.

Doce Rosas

Cuando entré en la casa hoy,
Vi un hermoso jarrón sobre la mesa
Tenía una tarjeta encima.
En su interior se leía: "encuentra las flores si puedes".

Una yacía sobre una mesa cercana en un sitio llano
Había una tarjeta adjunta a una cadena
Dentro decía. "Tú eres mi todo.
Encuentra otro a la luz de la vela".

A la chimenea, fui
Otra rosa y una nota
Vaya forma de exhibir su amor
Y siempre hablaba del amor que siempre mostraría.

Cada pista me llevaba a un nuevo lugar
Corrí para encontrar a cada uno para ver
Sus amables palabras de por qué me amaba
Cada nota hacía que una lágrima recorriera sobre mi cara

Una flor a la vez, llené mi jarrón
Esta fue una manera fantástica de mostrar su amor.
Es un hombre notable que no puede ser reemplazado.
Él es mi amor que fue enviado desde el cielo.

Cónyuge

Cónyuge
devoto, honesto
Amar, cariñoso aceptar
no puedo vivir sin
Compañero

Aniversario

Celebramos nuestro amor el día de nuestro aniversario.
Dios nos había dado un amor para quedarnos.
Unió dos puntos de vista diferentes.
En los problemas, uno de nosotros ha sabido qué hacer.

Hemos tenido nuestras luchas cada día.
Amarte ha añadido brillo en el camino.
Había tomado tiempo adaptarse a nuestra vida matrimonial.
No fue fácil pasar de ser solteros a marido y mujer.

Tuvimos que aprender a unir nuestras finanzas y facturas.
Junto con ella vinieron muchos vaivenes emocionales.
Hubo muchos buenos momentos durante nuestros años de casados.
Hablamos a través de esos momentos de lágrimas.

Hubo muchas sorpresas sobre ti que no conocía.
Pero al entender, hemos crecido.
Quiero mostrar mi amor de muchas maneras.
Y espero celebrar más días de aniversario.

Positivo

No es perfecto
Nunca equivalen a nada
Nada de lo que hago es correcto
No es lo suficientemente bueno

Estas son palabras extrañas para mí
En mi corazón y mente,
Tú eres todo para mí.
Eres mi corazón, mi alma, mi vida.

Haces todas las cosas correctas para hacerme sentir amado
Eres más que suficiente para mí.
Juntos podemos lograr cualquier cosa
Estoy con la persona perfecta

A Través De Los Años

Mirando en retrospectiva a nuestras vidas
Nos pesaba tanto el corazón
Y había dolor
Mirando en retrospectiva a nuestras vidas
Hubo Alegría
Y risas
Mirando en retrospectiva a nuestras vidas
Enfrentamos el dolor juntos
Y separados
Mirando en retrospectiva a nuestras vidas
Éramos mejores amigos
Y teníamos mejores amigos
Mirando en retrospectiva a nuestras vidas
Confiábamos el uno en el otro
Y compartimos
Mirando en retrospectiva a nuestras vidas
Perjudicamos al otro
Y pedimos disculpas
Mirando en retrospectiva a nuestras vidas
Nos amábamos profundamente
Y nos amábamos a nosotros mismos
Mirando en retrospectiva a nuestras vidas
Hicimos cosas juntos
E hicimos cosas aparte
Mirando en retrospectiva a nuestras vidas
Teníamos nuestras responsabilidades
Y ayudamos al otro
Mirando en retrospectiva a nuestras vidas
Fuimos nosotros
Y éramos nosotros mismos

Hasta Que Nos Volvamos A Encontrar

Un amor como el nuestro nunca termina

Es "hasta que te vuelva a ver".

El Tiempo Se Detiene

Navidad como abuela
Entrar en la casa
Lo primero que te golpea
Olor a pasteles horneados
Mezclado con el olor a pino
Desde el árbol de Navidad
Con las luces parpadeantes
Brillo del oropel plateado
La música navideña suena de fondo
Mientras todos los niños se ríen mientras tiran de caramelo
Abuelo reuniendo niños en círculos
Por edad y sexo
Lanza regalos en el medio
Todo el mundo toma uno
El presente frenéticamente abierto de los niños
Algunos sonríen con emoción
Otros gimen al ver a alguien
Con un mejor presente
Algunos lo intercambian con otro niño
Los pasteles calientes se sientan en el mostrador
Todos sentados alrededor de la mesa
O reclama su lugar en los sofás y sillas
Todos los demás niños se sentarán en el suelo
Eso se establece como un buffet que consiste en
de una mezcolanza de platos, tazas,
platillos y cubiertos

Uno de los adultos llenará las tazas de los niños
Kool-Aid era la única opción
Los adultos pueden tomar refrescos, Kool-Aid o café
Mientras tanto, la abuela coloca a Turquía sobre la mesa
Seguido de todos los adornos
Todos los adultos harán los platos de los niños
Una vez que los niños se acomodan en el suelo y
En los muebles de sala estan
Los adultos se acomodarán alrededor de la mesa
No hay asientos asignados
Sin embargo, todos conocen su lugar
Todos están hablando con los familiares
No han visto en mucho tiempo y
Los que ven todos los días.
Finalmente, lo que todos están esperando
Desierto
Tartas y pasteles caseros
Servido con helado de vainilla.
El tiempo pasa rápido y la noche termina
El tiempo se detiene en los recuerdos de tu infancia

Índice De Títulos

"You've gotta dance like there's nobody watching, Love like you'll never be hurt, Sing like there's nobody listening, And live like it's heaven on earth." – William W. Purkey

("Tienes que bailar como si nadie te mirara, amar como si nunca te lastimaran, cantar como si nadie te escuchara y vivir como si fuera el cielo en la tierra".

A

A La Caza	11
A Través De Los Años	120
Abrazar	49
Acurrucarse	32
Alguien Que Te Guarde Para Siempre	90
Alma Gemela	100
Amar Y Ser Amado	82
Amigo Masculino	21
Amigos De Toda La Vida	114
Amor	89
Amor Verdadero	108
Anhelo y Deseo	63
Aniversario	118

B

Beso	109
Bucear	26

C

Caricia	38
Carpe Diem	52
Cartas De Amor	53, 55
Ceder	40
Colores A La Vida	103
Combustible	54
Comienza Con Un Pensamiento	42
Comienzo Perfecto	106
Construyendo Una Relación	99
Cónyuge	117
Corazón Cariñoso	48
Corazón Que Se Hunde	19
Corazones Unidos	78

Cuando Te Conocí 64

D

Demasiado Vestido 59
Demostración... 76
Deseo Del Corazón 69
Día a Día 57
Doce Rosas 116
Dulce Amor 86

E

Efectos Amorosos 70
El Amor Es Ciego 77
El Amor, No La Perfección.. 92
El Romance Está En El Aire.. 46
El Tiempo Se Detiene 122
En Este Momento 72
En Tus Brazos 98
Eres A Lista 18
Eres Tan Especial Como Puedes Ser.. 29
Escondido En La Oscuridad 44

F

Fecha Potencial 13
Fuego 39
Fuego De Amor 45

H

Hasta Que Nos Volvamos A Encontrar... 121

I

Inconmensurable 68
Interesado 25

J

Junto 87

L

Ligar 15

M

Matrimonio 101
Me Asustas 56
Me Vuelves Loca 41
Mi Amor 75, 104

N

No Hay Nada Que Prefiera Hacer 80
No se Puede Separar 79
No Tiene Precio 112
Noche De Los Padres 113
Noche Romántica 110
Nuevo Mundo 93

O

Ojos Para Ti 10

P

Pasión 43
Pensando En Ti 20
Perdidos En El Amor 88
Por Qué Me Haces Amarte 34
Portal Al Alma 47
Positivo 119
Primer Beso 16
Primer Hijo 105
Primera Cita 30
Principio o Fin 60

Progresión 36
Propuesta 96
Puro Y Verdadero 83

Q

Quiéreme 71
Quiero El Íntimas Relación Contigo 84

R

Regalo De Amor 73
Renovado 58
Romance En Ciernes 17

S

Sentimientos Amorosos 74
Sólido 102
Solo Amigos 22
Sonreír 12

T

Tocó Mi Corazón 81
Tormenta 50
Tornado Furioso 62
Tres Veces La Pasión 61

U

Un Beso Esperado 14
Un Regalo 23
Una Parte De Mi Corazón 91
Una Sonrisa En Mi Rostro 24
Único 28

W

Wendy's Bouts-Rimés 33

Sobre El Autor

Deborah Ann Martin es poeta y bloguera de www.survivinglifelessons.com. Es madre soltera de cuatro hijos adultos y tiene cuatro nietos. Ha estado escribiendo poesía desde que tiene memoria. Deborah se inspira en los eventos locos de su vida y lo que pasa a su alrededor. Obtuvo su MBA durante su trayectoria profesional única. Es una veterana y actualmente trabaja como Administradora de Aplicaciones Informáticas. Su trabajo y vida únicos le han dado el conocimiento y la inspiración para escribir. Este libro es el primero de una serie.

Ha amado y perdido. Sin embargo, no ha renunciado al amor.